La nave espacial Tierra

Gina Dal Fuoco

Earth and Space Science Readers:
La nave espacial Tierra

Créditos de publicación

Directora editorial
Dona Herweck Rice

Directora creativa
Lee Aucoin

Editor asociado
Joshua BishopRoby

Gerente de ilustración
Timothy J. Bradley

Editora en jefe
Sharon Coan, M.S.Ed.

Editora comercial
Rachelle Cracchiolo, M.S.Ed.

Colaborador de ciencias
Sally Ride Science

Asesores de ciencias
Nancy McKeown,
    Geóloga planetaria
William B. Rice,
    Ingeniero geólogo

Teacher Created Materials

5301 Oceanus Drive
Huntington Beach, CA 92649
http://www.tcmpub.com

ISBN 978-1-4258-3221-6
© 2017 Teacher Created Materials, Inc.

Índice

Nuestra nave espacial

Piensa en la Tierra como si fuera una nave espacial gigante. Viaja por el espacio. Mientras viaja, mantiene a cada ser vivo dentro de ella.

Cuando los **astronautas** viajan al espacio, deben llevar todo lo que necesitan. Llevan alimentos y agua. Llevan aire para todo el viaje. Si no son cuidadosos, pueden quedarse sin las cosas que necesitan para sobrevivir.

Los seres humanos en la Tierra también deben ser cuidadosos. La nave espacial Tierra está hecha de partes que nos proveen aire, agua y alimentos. Si esas partes dejan de funcionar, es posible que nuestro viaje no dure mucho.

¿Qué tan rápido viajamos?

La Tierra se mueve por el espacio a 20.8 kilómetros (18.5 millas) por segundo. Es igual a 1,200 kilómetros (750 millas) en un minuto.

La especialista de la misión, Kathryn Sullivan, mira hacia abajo por la ventana del transbordador espacial, hacia la Tierra.

La Tierra tiene tres partes básicas. La primera es la **atmósfera**. Es un caparazón de gases. Rodea el planeta. Nos protege del sol. También contiene nuestro suministro de aire. La atmósfera es como el cuerpo metálico de una nave espacial que protege a los astronautas y sus suministros.

La siguiente parte es la **hidrósfera**. Contiene toda el agua del planeta. La hidrósfera incluye los océanos, los lagos, los ríos, los arroyos y las nubes. El agua es como el suministro de agua y alimentos de la nave espacial.

La nave espacial Tierra tiene tres partes importantes. Todas forman la biósfera.

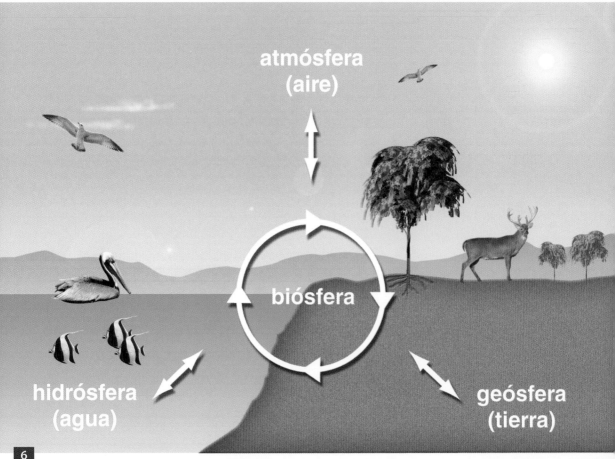

atmósfera
(aire)

biósfera

hidrósfera
(agua)

geósfera
(tierra)

Cometa del vómito

¿Alguna vez te has preguntado cómo es flotar en el espacio? Los astronautas dicen que no hay nada igual. Entonces, ¿cómo se preparan? Usan un avión en el que se recrea la sensación de **ingravidez** por un breve período. El avión sube y luego baja al índice de aceleración de la Tierra. Debido a que tanto el avión como las personas están en "caída libre" a la misma tasa, se siente similar a la ingravidez. Este recorrido hacia arriba y hacia abajo se repite 40 veces al día. ¿Puedes suponer por qué al avión lo llaman el "cometa del vómito"?

La tercera parte es la **geósfera**, las rocas. Está compuesta en su mayoría por solo 12 elementos. Este es el marco estructural de la nave espacial.

Estas tres partes funcionan juntas para mantener la Tierra en funcionamiento. ¿Te imaginas si faltara alguna de estas cosas? ¿Qué pasaría si nuestra nave espacial no tuviera todas estas partes y todos estos suministros?

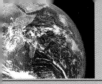

Vista desde la altura

¿Te gusta viajar? ¿Tomas fotografías cuando visitas algún lugar nuevo? Si viajaras al espacio, ¿qué fotografías te gustaría tomar? Hemos aprendido mucho sobre la Tierra debido a los viajes espaciales. Las fotografías tomadas desde el espacio nos hablan del tiempo atmosférico. Nos hablan sobre el **medio ambiente** y las **corrientes** oceánicas.

Los satélites son como ojos en el espacio. Pueden tomar fotografías de la Tierra. Las fotografías nos alertan sobre las grandes tormentas. También ayudan a los expertos a verificar los patrones cambiantes del tiempo atmosférico. Los satélites nos ayudan a ver cómo cambia el planeta con el tiempo. Las fotografías nos muestran cómo estamos cambiando el planeta. Estos cambios son tanto buenos como malos.

▼ Esta ilustración representa un satélite encima de la Tierra.

Sally Ride en el transbordador *Challenger*.

¿Cómo estará el tiempo hoy?

Las fotografías tomadas desde el espacio se utilizan todos los días para predecir el tiempo atmosférico. Son muy útiles cuando se avecinan grandes tormentas.

La vista de una astronauta

En 1983, Sally Ride se convirtió en la primera mujer estadounidense en viajar al espacio. Estuvo a 200 millas sobre la Tierra. Pudo ver la atmósfera. La Dra. Ride tomó fotografías de nuestro planeta desde el transbordador espacial.

A lo largo de los años, otros han seguido sus pasos. Los astronautas han tomado más de 350,000 fotografías a color. Querían que la gente mirara las fotografías. Esperaban que con estas fotografías las personas podrían aprender mucho sobre el funcionamiento de la Tierra.

Un planeta bajo presión

Todo está conectado en una nave espacial. Los astronautas no pueden vivir sin todo esto. Necesitan aire y alimentos. Necesitan el agua y la protección de su nave espacial.

Las tres partes de la Tierra también están estrechamente conectadas. Los vientos de la atmósfera controlan cómo se mueven las corrientes oceánicas. Las corrientes oceánicas mueven el agua alrededor del mundo. Luego, el agua hace que cambie el tiempo atmosférico. Que llueva demasiado o muy poco afecta a las personas y a los animales que viven sobre la tierra. Entonces, si descuidamos una parte de la Tierra, como el océano, en realidad dañamos a todo el planeta.

El océano tiene una gran variedad de vida.

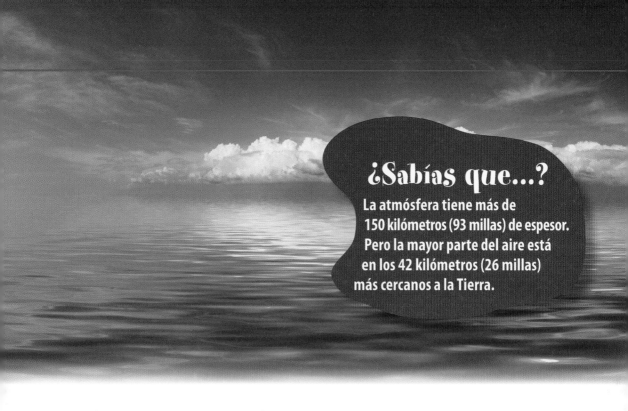

¿Sabías que...?

La atmósfera tiene más de 150 kilómetros (93 millas) de espesor. Pero la mayor parte del aire está en los 42 kilómetros (26 millas) más cercanos a la Tierra.

El océano es una parte importante de la Tierra. Sin embargo, mucha gente no reflexiona sobre esto. La vida en la Tierra no existiría sin el océano. Los organismos que viven en el océano nos proporcionan gran parte del oxígeno que respiramos. Los océanos contienen el 97 por ciento del agua de la Tierra. El océano también recibe el **dióxido de carbono** que producen los seres humanos. Nos proporciona agua dulce a través de las nubes. Imagina si todo eso dejara de suceder. La vida en la Tierra desaparecería.

El Sol hace que nuestra nave ➡ espacial siga funcionando.

De hecho, algunas formas de vida están desapareciendo. Los dinosaurios desaparecieron de la Tierra hace millones de años. Ahora estamos en riesgo de perder más formas de vidas.

La **biodiversidad** es la combinación de todas las diferentes plantas y animales del mundo. La mezcla de plantas y animales nos proporciona todo lo necesario para la **supervivencia**. Todos necesitamos y compartimos agua, aire y refugio. Los seres vivos están conectados entre ellos. Perder una planta o un animal puede dañar a otros. Para proteger la biodiversidad debemos detener el alto ritmo de pérdida de plantas y animales.

Cada ser vivo en la Tierra necesita de otros seres vivos para sobrevivir.

Los dinosaurios ya no caminan más por la Tierra. Se han extinguido.

Llénalo con T-Rex

Muchas personas creen que el petróleo proviene de los dinosaurios. Hay algo de cierto en ello, pero no es del todo correcto. A veces, los dinosaurios y las plantas de su época morían y los restos no se descomponían de manera usual. Quizá quedaron atrapados en un pozo de alquitrán o sepultados bajo las cenizas. Se comprimieron y calentaron debajo de la tierra. Quizá se convirtieron en **turba** sobre la superficie y luego haber quedado sepultados debajo de la tierra. Luego la turba se convirtió en carbón. Hoy, tanto la turba como el carbón se usan como fuentes de energía para la calefacción y para producir electricidad.

La historia es distinta en el océano. Cuando los dinosaurios morían en el agua, se hundían hasta el fondo junto con las plantas y las algas. Luego, eran cubiertos de arena y rocas. Se comprimieron y calentaron debajo de la tierra durante mucho más tiempo. Con el tiempo, los restos se convirtieron en petróleo crudo y gas natural.

La Tierra nos ofrece todo lo necesario para la supervivencia, incluidas las fuentes de energía. La clave está en usar lo que la Tierra nos ofrece sin dañar el planeta en el proceso.

El petróleo es uno de los recursos naturales de la Tierra. Se extrae desde lo profundo de la tierra y luego se utiliza para hacer muchas cosas. El petróleo es una valiosa fuente de **energía**. Empleamos esta energía para hacer funcionar los automóviles. También la usamos para calentar los hogares y hacer funcionar las fábricas. El petróleo no es una fuente de energía limpia. Cuando lo producimos y lo usamos, contaminamos la Tierra. No solo eso, también usamos más petróleo del que la Tierra puede producir.

◄ Las bombas de varilla o "burros de bombeo" sacan el petróleo desde debajo del suelo.

Entonces, ¿cuánto petróleo queda?

Las reservas de petróleo del mundo tienen alrededor de 1,200 a 1,300 miles de millones de barriles. Eso es suficiente petróleo para usar solo por 45 años más.

Hay otros tipos de energía que podemos usar. Son renovables, lo que significa que se pueden producir una y otra vez. Por ejemplo, el sol libera energía todos los días. La energía solar es una forma de energía más limpia y hay un suministro sin fin. El viento también es una energía limpia. Los científicos también están en busca de formas de convertir el agua en energía para los automóviles. Usar otras formas de energía ayudará a mantener el planeta en buen estado.

El e4 de Global Electric Motorcars es un automóvil eléctrico y de bajo consumo.

Las turbinas de viento como estas pueden proporcionar energía en el futuro.

¿Daño permanente?

¿Qué pasaría si nuestra nave espacial se dañara? ¿Todavía podríamos volar o nos estrellaríamos? ¿Cómo sobreviviríamos?

Lamentablemente, la Tierra ha sido dañada. Parte de este daño no podrá arreglarse. Un ejemplo es el **calentamiento global**. El calentamiento global es un aumento promedio de la temperatura de la superficie terrestre. En otras palabras, la Tierra está más caliente que en el pasado. Parte de esto sucede de forma natural. Pero el planeta se está calentando por otra razón: los **gases de efecto invernadero**. Algunos de estos gases se producen

ATMÓSFERA
Parte de la radiación solar es reflejada por la Tierra y la atmósfera.

SOL

La radiación solar pasa a través de la atmósfera.

La superficie terrestre absorbe la mayor parte de la radiación y se calienta.

TIERRA

por procesos naturales como la respiración. También se crean por la **contaminación** proveniente de los automóviles y las fábricas.

Los científicos se preocupan por el aumento de la temperatura de la Tierra. Muchos científicos predicen que veremos efectos secundarios graves. Un efecto secundario es el cambio en el tiempo atmosférico normal.

El cambio puede causar escasas precipitaciones en algunos lugares. Puede generar un tiempo más cálido en otros lugares. Podría causar inundaciones o sequías. También podría causar un aumento de insectos y elevar el nivel del mar.

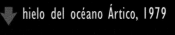

hielo del océano Ártico, 1979

La superficie terrestre emite radiación infrarroja.

Parte de la radiación infrarroja atraviesa la atmósfera, y parte es absorbida y emitida nuevamente en todas las direcciones por moléculas de gas de efecto invernadero. El efecto es el calentamiento de la superficie terrestre y la baja atmósfera.

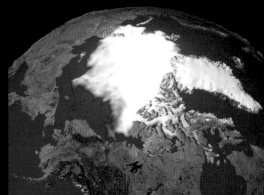

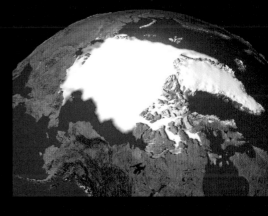

hielo del océano Ártico, 2003

La **lluvia ácida** es otra causa de daño al planeta. Sucede cuando el ácido de la contaminación del aire cae desde la atmósfera. Cae en forma de lluvia, niebla o nieve. El ácido va hacia la tierra, el océano y otros cuerpos de agua. Si el nivel de ácido es muy alto, puede dañar las plantas y la vida animal. Con frecuencia, la **vida marina** es la primera en mostrar signos del daño provocado por la lluvia ácida.

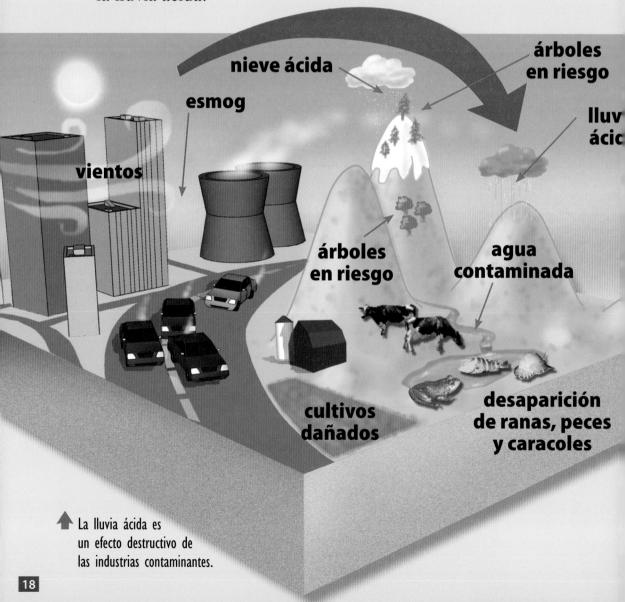

nieve ácida

esmog

árboles en riesgo

lluv ácic

vientos

árboles en riesgo

agua contaminada

cultivos dañados

desaparición de ranas, peces y caracoles

La lluvia ácida es un efecto destructivo de las industrias contaminantes.

Los trabajadores que recolectan el chicle son llamados chicleros.

Salva el bosque de chicle

¿Te gusta hacer burbujas con la goma de mascar? Puedes darle las gracias al bosque tropical. La goma de mascar originalmente se hacía de chicle. El chicle es la savia de un árbol. Se encuentra en un árbol del bosque tropical. La savia se hierve. Se convierte en un material similar a la goma. Luego, se mezcla con azúcar y saborizantes.

Hoy, la mayoría de las empresas de goma de mascar la producen de otra forma. Han encontrado la forma de producir una goma con base artificial. No usan el chicle. Sin embargo, la buena noticia acerca del chicle es que es un recurso renovable. Que usen chicle le da a la gente una forma de ganar dinero sin talar árboles. Hay algunas empresas que todavía producen goma de mascar a la antigua. ¡Ayudan al bosque tropical y también a los amantes de la goma de mascar!

Esfumados

El veinte por ciento de todos los gases de efecto invernadero provienen de la destrucción del bosque tropical. Cuando se talan y se queman los bosques tropicales, se emiten gases. Además, con menos árboles, se procesa menos dióxido de carbono.

La **deforestación** es otra forma en la que se ha dañado la Tierra. Esto sucede cuando se talan o se queman grandes áreas de bosque. La pérdida de árboles causa muchos problemas. Los árboles toman el dióxido de carbono del aire. Luego nos suministran el oxígeno limpio que necesitamos para respirar.

El bosque también es importante cuando se trata de la lluvia. Las hojas de los árboles atrapan el agua del aire. Las raíces de los árboles ayudan a que el agua penetre en la tierra. Las ramas y hojas caídas evitan que el agua fluya cuesta abajo. Sin los árboles, las áreas que una vez fueron bosque se vuelven muy secas.

Es probable que estos cambios en la Tierra afecten a la gente del planeta. Podrían ocasionar problemas de salud y menor desarrollo económico.

Ciudades enteras pueden ➡ verse afectadas por la deforestación.

La imagen satelital muestra la deforestación en el bosque tropical de Brasil.

21

Responsabilidad humana

El planeta entero debe involucrarse para mantener la nave espacial Tierra funcionando sin problemas.

Entonces, ¿qué hacen las personas para que la nave espacial Tierra continúe su viaje? Muchos países trabajan juntos. Buscan detener parte del daño. En 1997, muchos líderes mundiales se reunieron. Trabajaron para buscar soluciones y reducir la cantidad de gases de efecto invernadero que emitimos al aire. Las naciones hicieron una promesa para reducir los gases de efecto invernadero. Algunas naciones han mantenido sus promesas, pero otras no. En Estados Unidos, los cambios no se convirtieron en leyes.

La Tierra es un organismo vivo. Es normal que cambie. Pero muchos científicos están preocupados por la rapidez con la que la Tierra está cambiando. Algunos de los cambios no son reversibles. Se necesitará que todo el mundo trabaje junto para realizar un cambio positivo duradero.

Los arrecifes de coral de la Polinesia Francesa son brillantes y coloridos, pero el calentamiento global los puede dañar.

Belleza perdida

En 1998, murieron los bellos arrecifes de coral del atolón de Rangiroa en la Polinesia Francesa. Fue debido al calentamiento global. El daño fue grande. Los expertos dicen que tomará más de 100 años para que los arrecifes recuperen su belleza. A los buzos les gusta ver toda la vida silvestre de la laguna. Por ahora, también pueden ver todo el daño.

23

¿Qué pasaría si los astronautas comieran más comida de la que tienen en su nave espacial? No tendrían nada más que comer el resto del viaje.

Lo mismo sucede con la Tierra. Utilizamos más suministros de la Tierra de los que tenemos a bordo. Sabemos que nuestros suministros son escasos. Debemos hacer cambios. Si seguimos contaminando el aire y malgastando las fuentes de agua, nuestro viaje terminará. Debemos pensar en nuevas formas de ahorrar y **reciclar** nuestros suministros. Cada miembro de la tripulación debe ser responsable de su uso. Cuando usamos más de lo que necesitamos, perjudicamos a otros. Esto crea un desequilibrio en la naturaleza.

El estadounidense promedio produce cuatro libras y media de basura por día.

Nos enfrentamos a un gran desafío. ¿Qué piensan las personas acerca del bienestar del planeta? Durante miles de años, hemos utilizado lo que queríamos de la Tierra. No hemos repuesto mucho. Pero las decisiones que tomamos cada día impactan nuestro planeta y su supervivencia.

¿Quién lo dijo?

"No podemos resolver los problemas que hemos creado con el mismo pensamiento que usamos cuando los creamos". El famoso científico Albert Einstein dijo esto.

En lugar de desechar cosas, podemos reciclarlas y reutilizar los materiales para que no se desperdicien.

¿Qué puedes hacer?

Una persona no puede revertir todo el daño hecho a la Tierra. Entonces, ¿para qué molestarse? Porque puedes ayudar a marcar la diferencia. Puedes elegir reciclar una lata de refresco o una botella de agua. Puedes comprar cosas hechas de productos reciclados.

O puedes tomar la decisión más fácil de todas. Si es posible, elige cómo ir a la escuela. Caminar o ir en bicicleta ayudará a mantener el aire más limpio. Si las seis mil millones de personas en la Tierra toman mejores decisiones, ¡podemos marcar la diferencia!

Andar en bicicleta en lugar de ir en automóvil produce menos contaminación y, ¡es más divertido!

¿Qué hay en la basura?

Los productos de papel constituyen cerca del 40 por ciento de nuestra basura. Solo piensa en la diferencia que podríamos hacer en la nave espacial Tierra si recicláramos todo el papel.

¿Llevas puesta una botella de resfresco?

      ¿Qué pasa con las botellas de refresco una vez que las tiras en el contenedor de reciclaje? Algunas empresas las convierten en zapatillas deportivas. En 1991, una pequeña empresa hizo la primera deportiva de materiales reciclados. Usaron botellas de refresco, revistas, botellas plásticas de leche, filtros de café y mucho más. No termina ahí. No pongas esas deportivas recicladas en la basura cuando se gasten. La empresa también ha encontrado una manera de volver a reciclarlas. Esto captó la atención de algunas grandes empresas de deportivas. Ahora, grandes marcas como Adidas y Nike intentan encontrar nuevas formas de usar cosas viejas.

Laboratorio: Lluvia ácida

Este laboratorio explorará los efectos de la lluvia ácida en edificios y estatuas.

Materiales

- agua
- cuaderno y lápiz
- jugo de limón
- recipiente pequeño
- refresco carbonatado claro
- seis trozos de gis (no del que no genera polvo)
- vaso transparente
- vinagre

Procedimiento

1 Coloca un trozo de gis en el vaso y agrega agua hasta que el gis quede completamente tapado.

2 Coloca un segundo trozo de gis en el recipiente y agrega suficiente vinagre para que el gis quede completamente tapado.

3 Observa los trozos de gis por unos minutos para ver si hay cambios. Luego déjalos en los líquidos toda la noche.

4 En el segundo día, registra lo que observas. ¿Ves burbujas de gas en el vaso con gis y agua? ¿Hay burbujas de gas en el contenedor con vinagre? ¿De dónde vienen las burbujas?

5 Repite la prueba de laboratorio con una bebida carbonatada clara. ¿Es suficiente el dióxido de carbono del refresco como para deshacer el gis?

6 Vierte jugo de limón sobre un trozo de gis y vinagre sobre otro hasta que el gis se deshaga. ¿Cuál es más ácido, el jugo de limón o el vinagre?

Conclusión

Muchos edificios y estatuas antiguos están hechos de mármol, piedra caliza y piedra arenisca. Estos materiales tienen grandes cantidades de carbonato de calcio, que también se encuentran en algunas marcas de gis. El ácido en la lluvia puede desgastar parte de la superficie de los edificios hechos con estos materiales. También puede causar corrosión en cosas hechas de metal como automóviles y puentes. Toda agua de lluvia es un poco ácida. Sin embargo, cuando la lluvia es muy ácida por los efectos de la contaminación, puede causar daño.

Glosario

astronautas: personas entrenadas para pilotear, navegar o participar como miembros de la tripulación de una nave espacial

atmósfera: toda la masa de aire que rodea la Tierra

biodiversidad: la combinación de todas las diferentes plantas y los animales del planeta

calentamiento global: el aumento de la temperatura cerca de la superficie terrestre causado por gases contaminantes como el dióxido de carbono

contaminación: el acto o proceso de contaminar el suelo, el agua o la atmósfera

corrientes: las partes del océano o de un cuerpo de agua que tienen un movimiento continuo hacia delante

deforestación: la destrucción de los bosques por parte de las personas

dióxido de carbono: un gas sin olor o color que es el producto de la respiración y la descomposición, o que se libera desde los volcanes o cosas quemadas hechas de hidrocarburos

energía: una fuente de energía utilizable como el petróleo o el carbón

gases de efecto invernadero: cerca de 30 gases creados por la actividad humana, el principal es el dióxido de carbono; contribuyen al efecto invernadero

geósfera: la parte rocosa de la Tierra

hidrósfera: las aguas de la superficie terrestre

ingravidez: tener poco o nada de peso

lluvia ácida: la precipitación ácida que cae en forma de lluvia, niebla o nieve

medio ambiente: la combinación de condiciones físicas que afecta el crecimiento, el desarrollo y la supervivencia de los organismos e influye sobre ellos

reciclar: clasificar y reprocesar material viejo en materiales nuevos utilizables

supervivencia: permanecer con vida o existencia a pesar de las dificultades

turba: una materia vegetal compacta que se usa como combustible

vida marina: cosas relacionadas con el mar o el océano

Índice analítico

Sally Ride Science

Sally Ride Science™ es una compañía de contenido innovador dedicada a impulsar el interés de los jóvenes en la ciencia. Nuestras publicaciones y programas ofrecen oportunidades para que los estudiantes y los maestros exploren el cautivante mundo de la ciencia, desde la astrobiología hasta la zoología. Damos significado a la ciencia y les mostramos a los jóvenes que la ciencia es creativa, cooperativa, fascinante y divertida.

Créditos de imágenes

Portada: NASA; pág. 3 NASA; pág. 4 NASA; págs. 4–5 NASA; pág. 5 Andrea Danti/Shutterstock; pág. 6 (arriba) Ralf Juergen Kraft/Shutterstock; pág. 6 Tim Bradley; pág. 7 NASA; pág. 8 (arriba) NASA; pág. 8 (abajo) Andrea Danti/Shutterstock; págs. 8–9 NASA; pág. 9 NASA; pág. 9 (fondo) NASA; pág. 10 (arriba) Natalia Bratslavsky/Shutterstock; pág. 10 (abajo) Dennis Sabo/Shutterstock; pág. 11 (arriba) ANP/Shutterstock; pág. 11 (abajo) Michael Lawlor/Shutterstock; pág. 12 (izquierda arriba) Kevin Swope/Shutterstock; pág. 12 (derecha arriba) Jose Manuel Rodrigues de Oliveira Costa/Shutterstock; pág. 12 (izquierda abajo) Luis Alexandre Santos Louro/Shutterstock; pág. 12 (derecha abajo) Zygimantas Cepaitis/Shutterstock; págs. 12–13 (arriba) Kateryna Potrokhova/Shutterstock; págs. 12–13 (abajo) Anastasiya Igolkina/Shutterstock; pág. 13 (arriba) Denis Tabler/Shutterstock; pág. 13 (abajo) Tyler Olson/Shutterstock; pág. 14 (arriba) iStockphoto; pág. 14 (abajo) Jason Smith/Shutterstock; pág. 15 (arriba) Pattie Steib/Shutterstock; pág. 15 (abajo) iStockphoto; pág. 16 (arriba) Daniel Bendjy/iStockphoto; pág. 16 (abajo) Tim Bradley; págs. 16–17 Tim Bradley; pág. 17 (arriba) NASA/Photo Researchers, Inc.; pág. 17 (abajo) NASA/Photo Researchers, Inc.; pág. 18 Tim Bradley; pág. 19 (fondo) Edward Parker/Alamy; pág. 19 Todd Taulman/Shutterstock; pág. 20 (arriba) Mark Atkins/Shutterstock; pág. 20 NRSC/Photo Researchers, Inc.; pág. 21 Edward Parker/Alamy; pág. 22 (arriba) Martin Strmiska/Shutterstock; pág. 22 (abajo) NORMAND BLOUIN/AFP/Getty Images; pág. 23 Westend61/Alamy; pág. 24 ImageState/Alamy; págs. 24–25 Zoran Milic/iStockphoto; pág. 25 (arriba) Library of Congress; pág. 25 (abajo) Patrick Hard/Shutterstock; pág. 26 (arriba) Margaret Stephenson/Shutterstock; pág. 26 (abajo) Norman Chan/Shutterstock; págs. 26–27 Cathleen Clapper/Shutterstock; pág. 27 Pritmova Svetlana/Shutterstock; pág. 28 (arriba) Mike Mosall II/Shutterstock; págs. 28–29 Nicoll Rager Fuller